Digte

Tolerancens grænser

Vi tolererer!
siger vi
Fremstiller flot
de fine eksemplarer
på vores
tolerance

Se bøssevielsen!
og det lesbiske par
med adopteret barn
fra afrika af

Hjælp de svage!
gamle, handikappede
der hjælpen
har brug for

Send penge!

til fattige
for du
er rig!

men tolerancen
har grænser
vi ikke alle
ænser

Hvad med
dem der ikke
passer ind
i vores
tolerance land?
Skal de ej
toleres
fordi de ej
tolerere kan?

Er det tolerant

eller intolerant

ikke at tolerere

intolerance?

Den barnlige glæde

Den barnlige glæde gled forbi mig
Så mig ikke
Jeg var efterladt i kulden
med den eneste mulighed
at se ind på alle de andre
De glade ansigter
nydelsen malet i hvert eneste smil
De så det ikke
Ej heller så de mig
For mens de sad inde i varmen
blinde af fryd
så jeg sandheden
Jeg så ikke kun den ene side
jeg så det hele
Men intet af det kunne nå mig
Jeg var indelukket
afskåret fra virkeligheden
Ikke menneskelig

En iagttager af verden

Opråb!

Gør noget
Sig noget
Ik' føl
et pres

Slap af
En dag
ikke tænk
bare gør

Stå op
i mængden
Sig fra
Ik' vig

Lys op
dræn mørket
Kun genskær

reflektér

Inspirér
Giv det
videre
på ny

Tanke er
Handling
Endnu ikke
Sket

Lad ske
som er ret
sker nu
og igen

Leve eller Overleve?

vi dækker os til

livet bliver gjort til en selvfølgelighed

et stadie der nemt kan opretholdes

Et samfund bygget på løgne

vi forbedrer levevilkår med gadgets

og andre dingenoter

så vi kan undgå at se hinanden i øjnene

Et samfund bygget på løgne

vi lever ikke mere, vi overlever

alt er med fokus på job og uddannelse

intet i livet handler om netop livet

Et samfund bygget på løgne

des kønnere, des bedre

jo mere kan man opnå

ihvertfald hvis det omhandler

kort nydelse

Et samfund bygget på løgne

vi ser de få der skriger

og råber op om ændringer

men stembler dem straks som galninge

Et samfund bygget på løgne

bare forestil dig et liv uden arbejde

uden konkurrencer om at være bedst

hvor du nød de år du har fået til at

eksistere i

istedet for at lytte til

et samfund bygget på løgne

Det tomme mål

Altid sker der noget
Mennesker myldrer rundt
omkring mig
for første gang i mit liv
er det noget jeg har opnået
jeg betyder noget for nogen
er en kendt og vigtig faktor
men hvorfor er det så
at jeg aldrig har følt mig så forladt?

Tomgang

Der er for en gangs skyld
tyst i mit sind

men jeg ved endnu ikke
om det er en god ting

rødvinen dulmer
de frustrerende tanker

og smerten
der inde i mit hjerte banker

en gang alene
er lig med altid alene

det tog dog lidt tid
for mig at indse det

for hvad der er galt
er egentligt så dumt

og alt der før råbte
er nu blevet stumt

for selv om det sårer
og gør ondt inden i

så gør det mere ondt
når det nu er forbi

intet er kaos
alt ånder fred og ro

ingen splittede følelser
og ingen os to

Skæbnen

Vi snakker om skæbnen, men accepterer den ikke. Vi vil skabe os selv, forme vores fremtid, baseret på en tankegang om lighed. Vi har opbygget en idé om at alt er os opnåeligt. Vores fremtid er bygget på et luftkastel af forførende løgne, mens begær er blevet forvrænget til, vores forbrugermanis svar på lykke.

Silhuetter

Som silhuetter
de passerer
Tomme
Hule
Hver gang
den nye dag gryer
Det overvælder
Smelter
mit indre portræt
Alt
hvad mine øjne ser
mine tarme skriger
De tomme silhuetter
passerer mig
i tavshed
det skærer
meget mere
end jeg kan bære

tærer på lysten

på billedet

om mig selv

Lad mig slippe væk

Fra de hule

tomme stræder

fyldt

med ignorante mennesker

det smitter

det dræber

forstyrrer de befriende

dog dystre tanker

der altid

gør jeg ved

når

mit hjerte banker

Jeg ved det

jeg ved det ikke

tvivlen

som de hårde ord

sår

i mit sind

Hærdningen

gør hårdt som stål

men stål

kan også bøjes

Fri mig dog

jeg svæver

på mit sidste

vingetag

jeg kvæles

langsomt

stille

hult

væk

En verden for de stærke

Latteren brøler

Kvæler

Omslutter

De svære tanker får frit løb

I fosterstilling sidder hun

Lille

Skrøbelig

De hårde ord

Slår hende

Stikker som knive

Men en dag

Er det forbi

En dag

Er det anderledes

Rollerne er vendt

Hun virker så stærk

Men illusionen overmander hende

Hun lever en andens liv

Ikke hendes

For det er levet

Hun er ikke længere

I live

Til at leve

En måned går

Så to

Og hendes skrøbelige ydre

Følger den samme vej

Ud i tomhedens

Forførende stemmer

Medier

Forstyrrede øjne

brænder

blinker

med skiftende

billeders lys

Aldrig alene

afhængig

altid

en skærm

i syne

Det sociale medie

skaber

forbindelser

men bryder

dog mest

de ægte

bånd

i livet

Livets bobbel

Vi er som fanget her på jorden.
Grebet af hverdags trivielle ting.
Lukket inde i en bobbel af samfundet,
som ved den mindste hændelse
udenfor normen, brister,
og tager illusionen
af evighed med sig.

Livets cirkus

Negle skraber

Skriger

hæst

og skingert

Smerte strømmer

Rødt

tykt

og klæbrigt

Øjne flækkes

Munde mættes

Livets

Cirkel

nærmere

Cirkus

Ring i ring

Kører

rundt

nu igen

Mening

Den gængse
vandren
alt
flyder sammen
skiller sig
aldrig sådan
ud
Livet lægger
sine kolde
hænder
og klemmer mig
nærmere
døden
Fuck it
siger jeg
gennem mine
gennemblødte
læber

Jeg er blevet
kastet rundt
i livets
karrusel
kasseret
som gårsdagens
celebrity
med en tom
og hul
fornemmelse
som minde om
at jeg lever

gang
på gang
sendt til tælling
og gang
på gang
rejst mig igen
op på hesten

og fremad!
det siger
de alle...
men hvorfor
er det så
jorden er
befolket af
så mange
uopstegne
ryttere?

Giv et målt
at opnå
en vej
at gå
så jeg ikke
keder mig
lige indtil
den dag
mine hænder

bliver kolde

og min gnist

dør ud

når præsten

har sendt mig

afsted

fra jord

til jord.

Skygger

Lange skygger

Kastet

Af dens

frodighed

Små hår

Pletter

Min samvittighed

Nok nærmere

Selvtillid

Presser

Maser

Uden nytte

Spejlet

Lyver aldrig

Sir' man

En tåre

Så to

Blikket fanger

Mit imperfekte

Jeg

Elsk mig...

Elsk mig

Til dit hjerte brister

Som i de store

Hollywood

produktioner

Glem dig selv

I mig

Som var jeg

Livets kilde

Saml mig op

Og bær mig

Rundt

I livet

Vær den prins

Som eventyret

Lover

Smerten

Jeg lever

i smerten

Ånder i dens skygge

Græder

Når stråler

Rammer min hud

Det er her

Jeg lever bedst

Med smerten

Som min eneste

Følgesvend

De små hak

På sindet

Forløser

min sjæl

Giver næring

Til mit

Mørke selv

Jeg lever

af smerten

Livets kredsløb

Et skrig
Smil spredes
når det fødes
barnets
første skridt
Straks kastet
ud i spillet
kaldet livet
fra
sutteklud
til barbie
videre
på ny

Et hvin
i grupper
drømme fødes
skjulte

åbenlyse
livets lange
vej
lagt ud
for sine
fødder
både unge
og gamle
på én gang

Et skrål
glasset klirrer
målet nået
i hvidt
og slips
går de sammen
gennem
livet
igen
Tror aldrig

dagen ender
efter natten
er det glemt

Et suk
livet suges
ud
efterladt
er det
tomme hylster
omringet
af tårer
et sidste
farvel
før den
allersidste
rejse

Den moderne generation

De vokser

op

Bliver fodret

med nydelige

løgne

Fra deres

oplyste

skærme

gang

på gang

mister de

evnen til

at tænke

tanker

selv

Børnene

af den

moderne

verden

Vi ved

fra tidlig

alder

hvilke trick

der

gælder

magt, penge

og begær

Er hverdags

kost

Alligevel

spiller vi

spillet

Forventer alle

at vinde

For vi

er alle

nummer ét

ifølge vore

forældre

Møder så

en mur

af

umulighed

og giver

op

før vi

overhovedet

er

begyndt.

Afvist

Målet

er sat

udfordringer

venter

fristende

og så

uskyldig

som

nogensinde

før

skudt ned

i første

runde

kryber

langsomt

væk

igen

med svien

som ven

selvværdet

daler

igen

overset

falder i

med

baggrunden

må

en dag

indse

livets

vandring

foregår

for nogle

alene

men ikke

nu

ikke

i nat

målet

er sat

på ny

Dæmonen

Skygger vokser
på kantstene små
Bygninger tårner
op i det høje
Stille pusler
manden afsted
i ræd for
det tiltagne
mørke

Trods listige skridt
forstærker
den tomme gyde
hans lyde
men pludseligt de stopper
druknes latter
Tør og mørk
som mørket selv

Hans muskler stivner
blikket flakker
forvirret omkring
Latteren brøler
'Du latterlige mand,
du vil ej se din seng!'

Skriget gav genklang
vækkede natten
et split sekund efter
forstummet
Igen

Fængsel

Indespærede
følelser
friheden
taget
for en
tid

sved
og tårer
ingen
kære mor
tremme
rusker
sociale
fusker
navnene
altid
nye

up to

date

Fange

nummer

ét

og to

navne

er

personificering

og her

er man

bare

kød

Baren

De tomme grin
udstående øjne
latter
kvæles langsomt
af indestængte
følelser
længst fortrængt

Skrig
og hvin
væskerne skylles
indenbords
som var der
præmie til den
først færdige

Hænder der
langsomt glider

steder hen

de ikke burde

komme

afslås ofte

men jo senere

på natten

jo større er

oddsene

for en

succes

Aftenen dør ud

de gule vogne

samler

resterne op

og glider

langsomt hjemad

gennem byens

livlige morgenstund

Forgængelighed

Lad mig

fange

af dette

øjeblik

sekundet

der

så ofte

forgår

uset

af øjne

kun

mærket

af

de få

mennesker

dør

mens andre

fødes

ind i

denne

verden

med

kun en

sikkerhed

et

løfte

om

forgængelighed

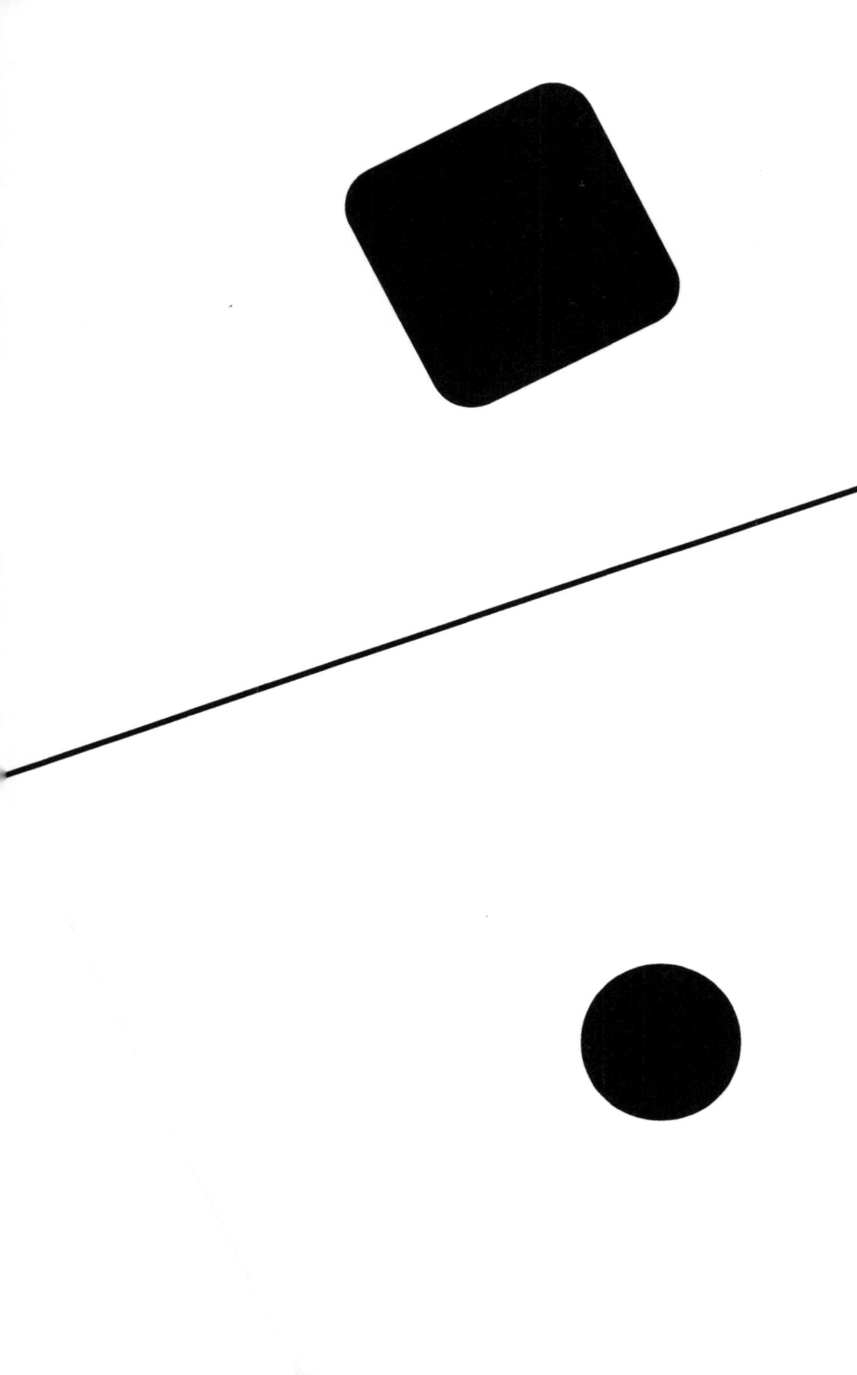

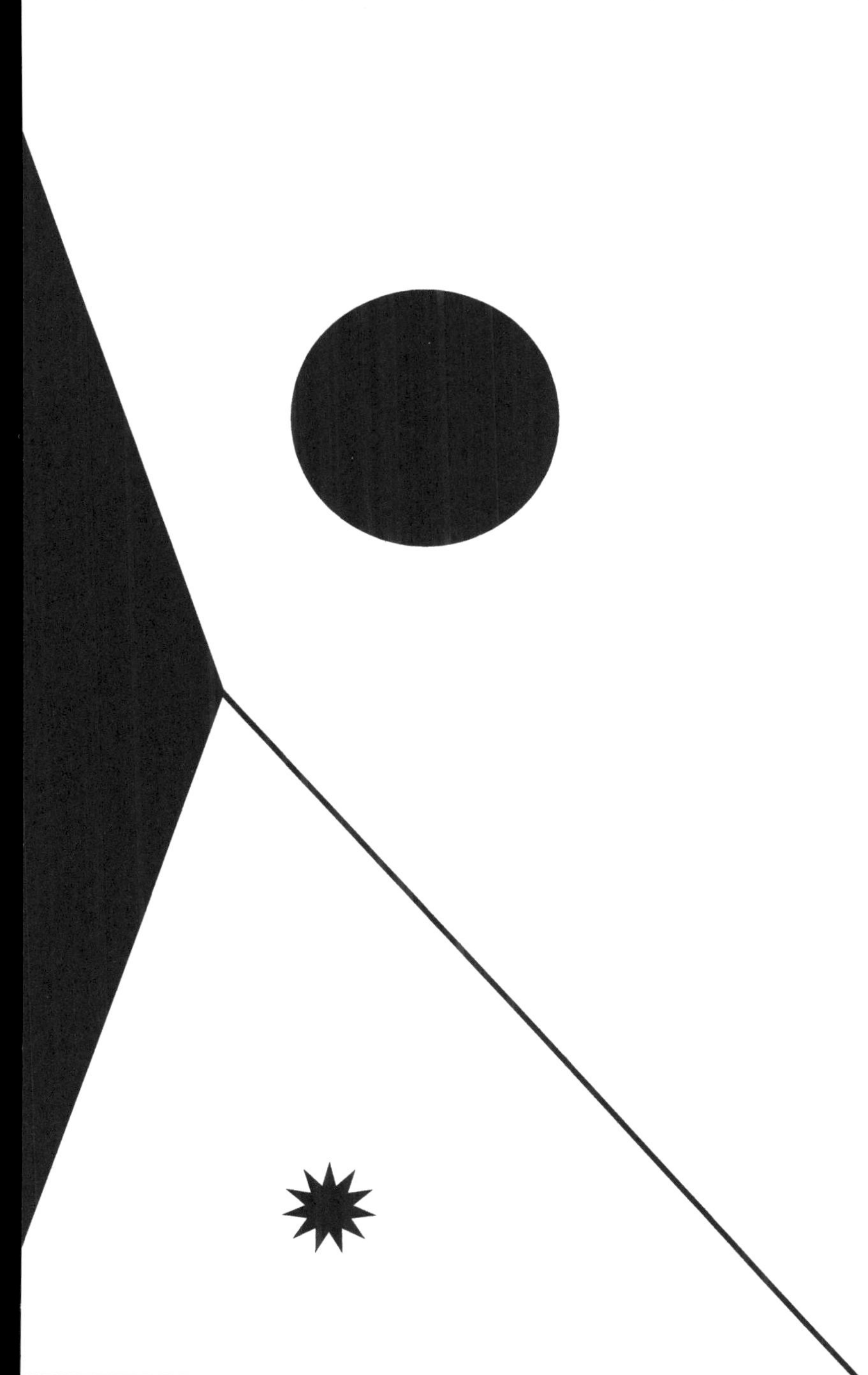

Forlag: BoD – København, Danmark
Fremstilling: BoD – Norderstedt, Tyskland

ISBN 978-87-7145-739-1